桝谷設計の60年
SINCE 1960-2020

CONTENTS

地域の持続可能な発展に貢献する建築を生み出す組織として

株式会社桝谷設計 代表取締役　中元 綱一　　2

〈寄　　稿〉

建築の音響設計　　　　　　　　京都大学名誉教授　高橋 大弐　　3
屋根と列柱　　　　　　　京都大学大学院工学研究科准教授　田路 貴浩　　4

〈あ ゆ み〉桝谷設計の60年　　　　　　　　　　　　　　　　　5
〈会社概要〉　　　　　　　　　　　　　　　　　　　　　　8

【作品抄】

2021−まほろば健康パーク屋外プール整備／下北山村立下北山保小中合同校舎　　9
2021・2020−葛城市立磐城小学校附属幼稚園／高畑町裁判所跡地庭園内茶室等　　10
2019−SRシステム 大和郡山工場／奈良市北之庄事務所ビル　　11
2019−新宮信用金庫 勝浦支店／大神神社 三輪山会館　　12
2019−障害者支援施設 あけみどり／大正ゆめの樹保育園　　13
2019−地域密着型特別養護老人ホーム ビオスの丘三郷アネックス／認定こども園 奈良市立辰市こども園　　14
2018−特別養護老人ホーム 網島の郷／地域密着型特別養護施設 グランビレッジ倉橋　　15
2018−ゆめの樹保育園／奈良県フットボールセンター増設　　16
2018−介護老人保健施設 夢眠やまざくら／老人福祉施設 養護三室園管理棟　　17
2017−救護施設 須加宮寮／南都銀行 平野支店　　18
2017−富田林きらめき創造館／住宅型有料老人ホーム プレミアムビオスの丘　　19
2017−特別養護老人ホーム 一樹／米田薬品 五條工場　　20
2017・2016−奈良芸術短期大学・橿原学院高等学校E棟及び体育館耐震改修／道の駅かつらぎ　　21
2016−奈良中央信用金庫 ますが支店／能瀬精工 新本社　　22
2016・2015−新沢千塚古墳郡公園シルクの杜(基本設計)／なら食と農の魅力創造国際大学校 安部校舎　　23
2015−キトラ古墳周辺地区情報案内施設棟／奈良県立大学地域交流棟　　24
2015−介護老人保健施設 鷺栖の里／児童発達支援施設 くれよん　　25
2015−箕面市立中央図書館リニューアル／三郷町立学校給食センター　　26
◇1960〜1989から作品20選　　27
◇1990〜1999から作品20選　　28
◇2000〜2004から作品10選　　29
◇2005〜2009から作品10選　　30
◇2010〜2014から作品20選　　31,32

地域の持続可能な発展に貢献する建築を生み出す組織として

株式会社 桝谷設計
代表取締役　中元 綱一

　当社は、2020年1月で創業60年になります。地域に根づき、長く愛され続ける建築をつくりだすため、各部門の技術者を備えた総合設計事務所として活動してきました。おかげさまで、奈良・大阪・京都において、官公庁から民間まで幅広い用途の建築物で実績を積ませていただき、永きに渡る信頼関係を得てまいりました。これもひとえに当社を支えて下さった、顧客、関係者各位、スタッフのご協力の賜物と心より感謝申し上げます。

　建築は、意匠・構造・設備と大きくは三部門に分かれています。当社では、各専門部門が一体となり、顧客の目標をチームの目標として活動しています。よって各専門部間のコミュニケーションが、目標達成には非常に重要となります。

　当社では、2001年に取得した品質マネジメントシステムISO9001を活用して、定期的なチーム会議、設計内容を評価するデザインレビュー、妥当性確認などを行い、各部門間の情報共有を確実にした、より質の高い設計を目指して努力しています。

　また、組織は多世代にわたるフラットな構成で、社員全員が責任を持ってプロジェクトに参加できる体制を取っています。若手の創造力と経験者の理解力・判断力を統合して、ベストな判断を行えるよう、スタッフそれぞれがアイデアや意見を出し合える雰囲気作りに常に気を配っています。

　しかしながら、社会環境の変化に応じて建物に求められるニーズも複雑で深奥なものへと移り変わっています。法令遵守はもとより、環境問題への配慮、建物の安全性確保、高齢化社会への対応など、必要とされる環境技術や多様な建築への対応に備え、改善を図りながら日々研究も行っています。

　当社は、60年の歴史の重みを、次の世代へ伝承しながら、今後も社会貢献に寄与し、クライアントに信頼・期待される総合設計事務所として、常に組織強化に努めて参ります。

　今後ともお引き立てを賜りますよう宜しくお願い申し上げます。

■ 建物の音響設計

　建物室内空間の音響設計はその使用目的、規模、公共性の有無などによって音に対する関わりの程度が変わってきます。また、室空間の規模が大きくなるにつれ音のリスクも増加します。音のリスクとは、エコー、音の集中、音の回り込みなどの特異な音響現象、さらに残響過多、音圧レベル分布の偏り等もあり、音響設計を一つ間違うとそのリスクにさらされる危険性が増します。このような音響障害では誰が聴いても同じ反応が出てきますが、中小規模の室空間、あるいは個人の住宅などでも、音に対する反応は個人差があるものの何らかの問題が生じることがあります。

　大規模空間の一例として私が手掛けたサンドーム福井について紹介します。1991年、福井県から広域的産業振興施設(後のサンドーム福井)を建設するという話が福井大学工学部建築学科(当時の私の勤務先)に来ました。この施設は、1995年に福井県鯖江市で開催される世界体操選手権のメイン会場、その後産業展示・スポーツ競技会・各種コンサートなど多目的での使用が考えられていました。それに合致する最適な施設を造ることが求められ、直径約100m・高さ50mの円形ドーム形状である前提条件が付いていました。これを素直に設計すれば音響的にはとんでもない施設になります。音響障害としてはフラッターエコーと音の集中、さらに残響過多が予想され、解決策としてドーム形状の天井に凹凸を付けて拡散性とし、さらに高い吸音性を持たせることが必須です。設計者との話し合いで採用された屋根・天井構造は4,5m規模の凹凸を有する屋根・天井形状、天井は背後に空気層とグラスウール吸音層を持つ通気性膜で構成されました。この通気性膜の吸音特性に関してはそれまでの知見が全くなく、一から研究を始めて1995年に論文として纏めた経緯を経ています。その成果がこのサンドーム福井に結集されており、結果として現在良好な評価を得ています。

近畿職業能力開発大学校 校長
京都大学名誉教授 博士(工学)
高橋 大弐

1951年　愛知県生まれ
1975年　京都大学工学部建築学科卒業
1977年　京都大学大学院工学研究科
　　　　建築学専攻修士課程修了
1980年　京都大学大学院工学研究科
　　　　建築学専攻博士課程修了
1980年　京都大学工学部助手
1985年　福井大学工学部講師
1997年　京都大学工学研究科教授
2018年〜 現職
専門：建築環境工学、音環境学
論文：室内音響、音響材料、騒音問題
　　　等に関連する論文約300編

ネットで「サンドーム福井 音響」と検索すると音響の良さに関する「とにかく音が素晴らしい」「神ホール」などのコメントが随所に出てきます。北陸・信越地方ではポップスコンサートのメッカになっているようでありうれしい限りです。

　次に、今回の能楽堂の音響設計について。三輪山会館の能楽堂は客席数351、室容積約3000㎥の直方体に近い形状をなしています。どちらかというと小規模なホールに分類され、音響設計としてはそれほど神経質になる必要はないのですが、この直方体という形状は音響的には曲者で、ある特定の周波数が際立ち、音色に違和感を生じさせる現象が起きることもあります。それ以外にも平行する大きな壁面によるフラッターエコー、大きな垂直面によるエコーの起こる危険性もあります。音響設計にあたってはこれらに対処する意味で、上下に分かれた壁面の下の壁を約8度傾ける処置を行いました。あとは残響時間の調整を間違えなければ音響設計は完成です。残響時間についても、室空間の大きな面積を有する部位についてある程度の吸音性を持ち、周波数特性が平坦な材料を採用することで、その他の部位における材料選択は容易になります。その意味で今回採用された多孔質材を通気性膜で挟む構造を持つ軽量天井材は最良の選択と思われます。結果としての残響時間は約1秒のフラットな特性であり、その他騒音関連も含め良好な音空間が実現されています。

　小規模な会議室・講義室などで音声明瞭性が悪い部屋に時々遭遇します。その時の反応には個人差があるようです。聞き取りにくいとイライラする人、何とか聞き取ろうと集中する人、あるいは何も感じないなど人さまざまです。例えば、京都大学建築学専攻が2004年に桂キャンパスに移転しましたが、その建物には2つの講義室といくつかの会議室・ゼミ室があります。2つの講義室については事前に相談があり、適切な対策が取られましたが、その他の会議室・ゼミ室は全く音響の専門家が関与することはありませんでした。会議室の中には小さな部屋にも拘わらず残響過多により明瞭度が劣悪なものがあり、ゼミ室は、残響過多と空調騒音に悩まされることになります。しかし、実際に使う側には前述の個人差があるようで、今もって改善する機運のないまま現在に至っています。日々多くの建物が世に出る中で、少しでも公共性を持った建物ではその基本設計の段階で音の専門家が何らかの形で係わるべきであろうと、一線を退いた今になってつくづく感じます。

京都大学大学院工学研究科准教授
博士（工学）
田路 貴浩

1962年　熊本市生まれ
1986年　京都大学工学部建築系学科卒業
1987-88年 文部省給費留学生
　　　　　（国立パリ建築学校ラ・ヴィレット校）
1990年　京都大学工学研究科
　　　　　建築学専攻修士課程修了
1995年　京都大学工学研究科
　　　　　建築学専攻博士課程修了
1996年　明治大学専任講師
2000年　明治大学助教授
2008年〜 現職
専門：建築論、建築設計
著書：『イギリス風景庭園』（丸善、2000年）
　　　『環境の解釈学』（学芸出版、2003年）
　　　『日本風景史』（昭和堂、2005年）
建築作品：
・積水化学工業京都技術研究所（京都大学加藤
　研究室にて、1992年『新建築』1992年5月号）
・関西日仏学館・ヴィラ九条山
　（京都大学加藤研究室にて、1992年）
・K-Villa（2004年、『新建築住宅特集』2005年9月号）
・WATERRAS Student House（2013年）
・大神神社 三輪山会館
　デザインアドバイザー（2019年）

▬ 屋根と列柱

　〈奈良的な建築〉というものがあるとすれば、その特徴は大らかな屋根と柱にあるのではないかと思っています。こういうイメージをもつのは、おそらく高校時代に読んだ井上靖の『天平の甍』の強烈な印象がずっと尾を引いているからなのでしょう。唐から招かれた鑑真が開いた寺院、唐招提寺の大きな屋根とずっしりとした列柱を実際に見たとき、高校生の私には古建築の知識はほとんどありませんでしたが、その存在感には圧倒されました。京都の繊細で優雅な美とは大きく異なる建築の雄大な力に心底感動を覚えました。奈良と言っても他に優れた古寺は幾つもありますが、私にとっては唐招提寺こそ、奈良的建築の代表となっています。そしてそれは、屋根と柱という基本要素が建築の普遍的な原型であることを教えてくれるのです。

　この度、中元社長の依頼で、大神神社三輪山会館の設計に参加させていただきました。当初、私だけでは心許ないということで、私の師である加藤邦男京都大学名誉教授と一緒に協力することが求められました。加藤先生は残念ながら2019年3月に他界されてしまいましたが、この計画には強い関心をお持ちでした。先生は京都の建築研究協会の代表理事を務めていらっしゃいましたが、協会が興福寺中金堂の設計業務の一部を担当していたことから、その上棟式に出席されました。その時、ご覧になった林立する巨大な柱は、先生に柱の意味を再認識させることになったようです。三輪山会館についても、JR三輪駅側から列柱を層状に並べてはどうかとアドヴァイスをいただきました。その時にはすでに設計が進んでいて、JR側の列柱は実現できませんでしたが、三輪山側にはつくることができました。当初、約7mスパンの柱割りになっていたのを、半分の3360mmピッチで柱を建てるように修正させていただきました。そして柱の表面は杉板型枠打放しコンクリートとし、垂直方向の力を感じさせる存在感のある列柱が実現しました。このプロジェクトに対する私の貢献は、この一点に尽きると言っても過言ではありません。

　三輪山会館には巨大な切妻屋根が架けられています。設計打合せでは、神社様から「軒とけらばの出はできるだけ大きくして欲しい」とたびたび念押しされました。大神神社には先代の桝谷設計による社務所と大礼記念館があります。これは打放しコンクリートの建物で、堂々とした切妻屋根を戴くなかなかの秀作です。打合せに伺うたびにこのお手本をまじまじと観察し、屋根のプロポーションをスタディしました。

　現状では箱形建築が造りやすく、かつ経済的です。鉄骨で柱梁を組んで、パネルで覆う。あるいはガラスのカーテンウォールで外部を囲い、太い柱の存在を消す。屋上はフラットルーフにして設備機器を設置する。しかし、柱を建て、屋根を載せる、これが建築の始まりであり、建築の原型だと思うのです。現代建築では耐震性能の要求から柱は太くなり、消してしまいたい邪魔者として扱われています。しかし建築から柱を無くすことはできません。

　はたしてもう一度柱を表現の主役にすることはできないのだろうか。また、年々激しさを増す豪雨に対して、屋根の存在意義を見直すべきではないだろうか。屋根と列柱という建築の原型は、奈良的な建築ということだけでなく、建築の普遍的形式としていまだに追求すべき課題ではないだろうか。三輪山会館の設計に参加させていただき、このようなことを考えている次第です。

桝谷設計の60年

年　　代	1960年（昭和35年）	1970年（昭和45年）
設計業務の変遷	設立当初は民間事務所・工場の設計受注が主であった	
	住宅金融公庫融資住宅・レジャー産業・ホテル・旅館	
		生徒急増により小・中・高等学校の建設需要が増える

各年代の主な作品

● 奥城之崎シーサイドホテル

● 奈良県立桜井高等学校

● 大和郡山市立北小学校

● 町立大淀病院

● 観光旅館南大門

● 大神神社社務所

● 奈良県信用保証協会

大和郡山市立北小学校

天川村山村開発センター

● ボーリング場
・奈良
・新庄
・田原本
・伊賀上野
・名古屋市万場

● 月ヶ瀬庁舎

● 上北山村山村振興センター

● 天川村山村開発センター

● 御杖村山村開発センター

● 御杖村庁舎

● 奈良県中小企業会館

桝谷設計の沿革

奈良県吉野町に桝谷1級建築士事務所開設
1960

法人組織に変更　株式会社桝谷建築設計事務所設立　代表取締役社長に桝谷博行就任
1965

奈良事務所　所長・管理建築士に五十嵐要朔就任
1970

京都事務所設立
1965

株式会社桝谷設計に商号変更
1972

奈良事務所設立
1967

本店及び奈良事務所移転　社屋建設
（奈良市大宮町）1974

設計界・社会の動向

メートル法実施
1959

都市計画法公布
1968

建築物軒高制限緩和
1964

メタボリズム
1960〜

高層化時代の幕開け
1968

オリンピック東京大会開催
1964

沖縄本土復帰
1972

伊豆大島近海地震
1978

大阪万国博覧会
1970

宮城沖地震
1978

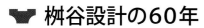

桝谷設計の60年
SINCE 1960-2020

1980年（昭和55年） | 1990年（平成2年）

■わかくさ国体開催に伴い体育館の建設が相次ぐ

■生涯教育・コミュニティ・福祉への関心が高まり始める

● サンタウン高の原　ショッピングセンター
　● 王寺町文化福祉センター
● 田原本町中央体育館
● 天理総合体育館
● 大同生命保険奈良支店ビル
　　● 山崎屋本店
　　● 慈光院方丈

● サンタウン高の原（ひまわり館）
　　● 香芝市ふたかみ文化センター
　　　● 木津町立相楽台小学校
　　　● 橿原警察署庁舎
　　● 安堵町庁舎
　　　　● 新庄町健康福祉センター
　　　　● 西部生涯スポーツセンター

　　　　● 奈良県桜井土木事務所庁舎
　　　　● 月ヶ瀬文化センター
　　　　● 安堵町カルチャーセンター
　　　　● 奈良県経済クラブビル
　　　　● 大倭病院
　　　　　　● 香芝市立真美ヶ丘西小学校
　　　　　　● 住宅都市整備公団京都南部事務所

　　　　● 王寺町やわらぎ会館
　　　　　● 吉野三町村老人福祉施
　　　　　● 奈良県身体障害者
　　　　　　療護施設

住宅都市整備公団京都南部事務所

奈良県身体障害者療護施設

　　　　● 奈良県田原本総合リハビリセンター　　　　　● 斑鳩町斎場

■代表取締役社長に五十嵐要朔就任
1990

■関西学研都市事務所開設　管理建築士に笹尾政徳就任
1987

■本店及び奈良事務所移転　新社屋建設移転（現所在地）
1990

■関西学研都市
事務所を京都
事務所と名称変
1997

■大阪事務所開設　管理建築士に
中上博功就任
1995

■新耐震基準公布
1981

■耐震改修促進法施行
1996

■普賢岳噴火
1991

■建築基準法抜本
改正
1998

■ポストモダニズム
1980〜

■エコロジー、環境問題
1990〜

■指定確認
検査機関
業務開始
1999

■わかくさ国体開催
1984

■バブル最盛期
1989

■阪神・
淡路大震災
1995

■バブル崩壊
1991

2000年（平成12年）	2010年（平成22年）	2015年（平成27年）	2020年（令和2年）

地球温暖化対策の推進

○バリアフリー改修
○耐震補強改修
○省エネルギー改修

● なら食と農の魅力創造国際大学校　安部校舎

なら食と農の魅力創造国際大学校　安部校舎

● 橿原観光交流センター
● 桜井小学校
● ホテル杉の湯大規模改修工事

● 川上村総合センター

川上村総合センター

● 木津川市木津町商工会議所
● 積水技研本社・物流センター

● 三郷町立学校給食センター
● 奈良県立大学地域交流棟
● 能瀬精工 新本社
● 道の駅かつらぎ
● 住宅型有料老人ホーム プレミアムビオスの丘

● 奈良県護国神社参集所

● ヤマト八木店

● 米田薬品 五條工場
● 富田林きらめき創造館

● 新庄町体力づくりセンター

● 奈良県中央子ども家庭相談センター
● 奈良公園管理事務所
● 平成まほろば病院

● 介護老人保健施設 夢眠やまざくら
● ゆめの樹保育園

● 御杖温泉
● 奈良県立図書情報館

平成まほろば病院

● 奈良県動物愛護センター
● 大淀町立桜ヶ丘小学校

● 大神神社 三輪山会館
● SRシステム 大和郡山工場
● 障害者支援施設 あけみどり

代表取締役社長に中元綱一就任
2006

奈良事務所　管理建築士に寺下浩明就任
2006

奈良事務所　管理建築士に吉田健一就任
2013

大阪事務所　管理建築士に上田義雄就任
2008

大阪事務所　管理建築士に寺下浩明就任
2017

京都事務所　管理建築士に畑中康司就任
2017

ISO9001認証取得
2001

「建築士法の一部を改正する法律案」が成立
2013

平成から新元号令和へ
2019

平城遷都1300年
2010

選挙権18歳以上可決
2015

ラグビーW杯日本開催
2019

適合判定施行
2007

築地市場の豊洲への移転問題
2016

東日本大震災
2011

金融ビッグバン
2000

サブプライムローンによる金融市場の混乱
2008

トランプ大統領就任
2017

東京オリンピック
2020

介護保険法の施行
2000

女性賃金が過去最高
2018

株式会社 桝谷設計

会社概要

創 業 年 月	1960年1月
創 立 年 月	1965年7月
資 本 金	35,000千円
業 務 内 容	①建設事業の企画設計監理
	②都市開発および地域開発の企画設計
	③前2項に関連する企業の調査・
	診断および経営コンサルタント業務
	④前各号に附帯する一切の業務
事務所登録	一級建築士事務所
	奈良県知事登録　第2019（た）35号
	代表取締役　中元 綱一
	一級建築士事務所
	大阪府知事登録（ホ）第16022号
	取締役大阪事務所長　寺下 浩明
	一級建築士事務所
	京都府知事登録（29A）第01644号
	京都事務所長　畑中 康司
事 務 所	本社
	〒630-8042
	奈良市西ノ京町101番地の1
	TEL 0742-34-1461　FAX 0742-34-3218
	大阪事務所
	〒542-0064
	大阪市中央区上汐2-2-12 市松ビル405号
	TEL 06-6767-3121　FAX 06-6767-3122
	京都事務所
	〒619-0221
	木津川市吐師久保16
	TEL 0774-72-6863　FAX 0774-72-6962

作 品 抄
1960-2020

まほろば健康パーク
屋外プール整備

プロポーザル特定作品

所 在 地　奈良県大和郡山市
建 築 主　奈良県
用 　 途　観覧場
施 　 工　（建築）奥村・大倭JV
　　　　　（電気）新栄電設工業
　　　　　（機械）森村設備
構造・規模　Ｓ造一部SRC造、Ｓ造、骨組膜構造
建 築 面 積　1,014.64㎡
延 床 面 積　2,346.20㎡
竣 　 工　2021年6月予定

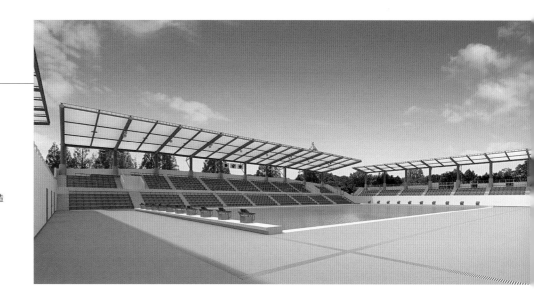

　まほろば健康パーク（スイムピア奈良）内の既存屋外プールの南側と西側に観客席を増設するとともに、東、南、西 側の上部に日射を遮るための膜屋根を増設するものである。全国大会対応の競技環境を整えるだけでなく、既存施設を 含む周辺環境との調和、経済性と維持管理費低減に配慮すると共に、すばらしい水泳環境を発信し、多くの県民を導く ことのできる美しいシルエットの観客席として計画を行った。観客席は、各席から全コース・電光掲示板への死角のな いサイトラインを確保するため、客席段差・手摺高さの検討を行い、競技観戦時の臨場感が高められる計画とした。

下北山村立下北山保小中
合同校舎

コンペ特定作品

所 在 地　奈良県吉野郡下北山村
建 築 主　下北山村
用 　 途　義務教育施設、保育所
施 　 工　森下組
構造・規模　RC造　地上2階
建 築 面 積　2,066.35㎡
延 床 面 積　2,835.54㎡
竣 　 工　2021年4月予定

　本施設は、近年の小中一貫教育推進に伴う、保育所と児童クラブを含めた総合校舎である。村の歴史や景観といった地域の記憶を残しつつ、地場産の木材で出来た大きな家となる校舎とした。従来の教育現場の視点だけでなく、子どもたちの視点である遊びから学ぶ、を計画に反映させ、作り込みすぎないように心がけた。平面計画は、村の名所や路地、広場や庭といった街並みの要素を取り入れることで、子どもたちが学校に通うのではなく、街に出かけるという発想に展開させ、思い出に残る校舎を目指した。

葛城市立磐城小学校
附属幼稚園

所 在 地	奈良県葛城市
建 築 主	葛城市
用 途	幼稚園
施 工	森本組
構造・規模	S造 地上1階
建 築 面 積	1,843.84㎡
延 床 面 積	1,801.91㎡
竣 工	2021年3月予定

　老朽化に伴う園舎の建替えであり、仮園舎を建てず既存園舎を利用しながら2期に分けて建設する計画とした。職員室から園庭、保育室が見渡せるような配置とし、子どもたちの動線や安全性を考え平屋建てとし、存在感のある大屋根により、目の前にそびえ立つかつらぎ山に呼応した外観とした。遊戯室、廊下には、ハイサイドライトからの自然光が柔らかく降り注ぐ快適な室内環境として計画を行った。

高畑町裁判所跡地庭園内
茶室等

プロポーザル特定作品

所 在 地	奈良県奈良市
建 築 主	奈良県
用 途	公園施設
施 工	尾田・大倭JV
構造・規模	W造 地上1階、塀RC
建 築 面 積	101.09㎡
延 床 面 積	92.97㎡
竣 工	2020年5月予定

　高畑町裁判所跡地は、中世の興福寺子院を継承する遺跡として、又、近代数奇者の庭園遺構としての学術的・芸術的 価値のある場所として保存・活用が検討されてきた。その中心となる建築群として、大正期の山口家南都別邸時代の姿 を目標に、庭園に「茶室機能付き休憩所」、「腰掛待合」、「雪隠」を再現し、浮身堂近くに「門屋」を、敷地周囲に「築地塀」を巡らし、奈良公園の周辺環境と調和した施設とした。

SRシステム　大和郡山工場

所　在　地　奈良県大和郡山市
建　築　主　合同会社　SRシステム
用　　　途　工場
施　　　工　藤本建設
構造・規模　S造　地上2階
建 築 面 積　485.24㎡
延 床 面 積　476.04㎡
竣　　　工　2019年10月

　　計画敷地は、インターチェンジから近く物流に適した敷地であり、建物は様々な機械器具を組立製造する工場である。シンプルな外観の中に隣接建物と調和するよう一部をタイル貼りとしている。正面にはアクセントとなるスリットサッシを設け、南側側面上部には通風及び採光も兼ね備えた同じデザインのサッシを配置し、全体的に近代的なイメージの工場となるようデザインした。内部には移動式クレーンを備えた大空間となっており、様々な機器の組立に対応できるよう天井高さも確保されている。

奈良市北之庄事務所ビル

所　在　地　奈良県奈良市
建　築　主　某株式会社
用　　　途　事務所
施　　　工　大和ハウス工業
構造・規模　S造　地上2階
建 築 面 積　318.76㎡
延 床 面 積　614.40㎡
竣　　　工　2019年10月

　　奈良市南端にある既存社屋の老朽化に伴う建て替えである。東西2つの区画にまたがる西側部分を先行工事で解体し既存東側部分を使用しながら西側区画に新社屋を建設した。外装は金属サンドイッチパネル横張りとし、横連装窓と一体化した庇、スリット状のルーバー、大型飛翔笠木とすることで、水平ラインが強調された伸びやかで軽快なファサードを表現した。ピロティー・エントランスは、床を黒色花崗岩、天井を黒色ベースパネルにアルミ片流れルーバー天井として、コントラストのあるシャープなイメージで内部と外部 をつなげた。

新宮信用金庫　勝浦支店

所　在　地	和歌山県東牟婁郡那智勝浦町
建　築　主	新宮信用金庫
用　　　途	信用金庫
施　　　工	夏山組
構造・規模	RC造　地上２階
建　築　面　積	308.97㎡
延　床　面　積	536.58㎡
竣　　　工	2019年10月

　和歌山県の南東部に位置する那智勝浦町に、老朽化に伴い新たに建設された金融機関である。敷地は国道と町道が交差する角地であり、とても利便性が高い場所である。好立地な条件を活かし、エリアの中核となる金融機関として「地元と共に歩み続ける」という姿勢を印象付ける建物を目指した。従来の金融機関イメージを払拭し、内装に地場産木材を使用し温かみを感じる空間とした。また、地域金融機関としての役割を担い、南海トラフ地震発生等に係る津波の避難場所としての提供を可能とした建物としている。

大神神社　三輪山会館

所　在　地	奈良県桜井市
建　築　主	宗教法人 大神神社
用　　　途	神社
施　　　工	竹中工務店・中尾組JV
構造・規模	RC造一部Ｓ造　地上２階
建　築　面　積	3,167.64㎡
延　床　面　積	4,872.36㎡
竣　　　工	2019年９月

　施設は御神徳の発揚を念願し、多くの方々にこの国の成り立ちに思いを廻らせ、歴史と文化と信仰を体感且つ吸収伝承する施設とした。又、設計方針として、日本最古の格式を考慮しながら現代の施設の利便性と近代的美観を備え、本社境内施設群との連続性と清浄感のある佇まいを持たせる。建物印象は、やすらぎ、癒し、自然との繋がり、和様そして厳かな「ハレの場」としての清々しさを追求することとされた。配置計画は、隣接住宅やＪＲ三輪駅への配慮、参道からの安全なアプローチ、庭園ごしにお山を遥拝できることを条件に、東側に庭園を、西側に直会殿・エントランスホール・能楽堂を１棟として配置するよう検討を行った。

障害者支援施設　あけみどり

所　在　地	奈良県高市郡高取町
建　築　主	社会福祉法人 朱鳥会
用　　　途	障害者支援施設
施　　　工	森下組
構造・規模	Ｓ造　地上１階
建 築 面 積	1,841.76㎡
延 床 面 積	1,787.65㎡
竣　　　工	2019年5月

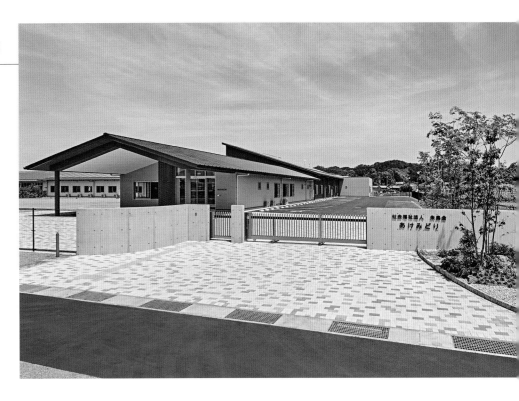

　　重度障害者と軽度障害者のための施設である。施設の中は入所者の障害に合わせて居住エリアを分け、日中全員が集まり活動する作業室は建物の中央に配置し、入所者にとっては快適に過ごせ、職員にとっては全体が見渡せる空間とした。重度障害者の対応として、特に建具には工夫をしている。ガラス等は割れないように全てポリカーボネイトとしたり、隙間に物をつめてしまう事を防ぐためハンガーレールや戸袋はなくしている。また、蹴ってもすぐに壊れないように扉の強度の検討も行っている。

大正ゆめの樹保育園

所　在　地	大阪市大正区
建　築　主	社会福祉法人 三養福祉会
用　　　途	保育所
施　　　工	旭営繕建設
構造・規模	Ｓ造　地上６階
建 築 面 積	458.66㎡
延 床 面 積	2,298.92㎡
竣　　　工	2019年4月

　　社会福祉法人三養福祉会が、昨年開園した城東ゆめの樹保育園に続いて２件目となる保育園の開園である。本敷地は京セラドーム大阪の南側の商業地域に立地し、近隣の商業施設と隣接する為、外壁には高級感のある特注のタイル貼り、バルコニーにはガラス手摺を全面に設けた存在感のある外観とした。内部には子どもたちがすすんで本を読める空間とする為、隠れ家遊具と一体となったベンチを設けた図書コーナー、又低年齢と高年齢の子どもたちが触れ合いながら遊べる空間とする為、吹き抜け遊具を設けたプレイルーム等、子どもたちがたっぷりと楽しめる場づくりを積極的に行った。

地域密着型特別養護老人ホーム
ビオスの丘三郷アネックス

所 在 地　奈良県生駒郡三郷町
建 築 主　社会福祉法人 仁風会
用 　 途　地域密着型特別養護老人ホーム
施 　 工　吉成建設
構造・規模　S造　地上2階
建 築 面 積　847.87㎡
延 床 面 積　1,601.70㎡
竣 　 工　2019年3月

　2010年に竣工したビオスの丘三郷の別館として地域密着型特別養護老人ホームを建設した。里山の風景に馴染むよう寄棟造の屋根を採用し、工期短縮を図るために外壁材に窯業系サイディングを採用すると共に、単調にならないよう1階と2階部分の色とテクスチャーを変更した。従業員の雇用促進を図るため、子供をあずかる為の託児室を設け、安心して仕事ができる環境を整えた。

認定こども園
奈良市立辰市こども園

所 在 地　奈良県奈良市
建 築 主　奈良市
用 　 途　認定こども園
施 　 工　平井建設
構造・規模　S造　地上2階
建 築 面 積　1,263.06㎡
延 床 面 積　1,803.41㎡
竣 　 工　2019年3月

　奈良市立辰市幼稚園と辰市保育園を統合し、辰市こども園として建設された。平屋部分を設け高さに変化を持たせることで、のどかな田園風景になじむように配慮した。こども達が毎日をいきいきと過ごせるような園を目指し、弓状に配置された園舎の保育室からは園庭が見渡せる計画として、園庭での園児の様子がよくわかる中央部に職員室を設けた。

特別養護老人ホーム
網島の郷

所 在 地	大阪市都島区
建 築 主	社会福祉法人 三養福祉会
用 途	特別養護老人ホーム
施 工	旭営繕建設・アフェクションウォークJV
構造・規模	RC造 地上7階・地下1階
建 築 面 積	965.64㎡
延 床 面 積	4,880.75㎡
竣 工	2018年11月

　本敷地は大阪城の北側の藤田美術館と太閤園に隣接した歴史と景観に恵まれた場所に立地している為、外観については設計時から検討を重ね、最終的には重厚な石張りの仕上とした。平面計画は1階にデイサービス、2階〜6階は20室の居室を2ユニット（各階計20室）廊下は職員が介護しやすいようにエレベーターホールを中心に回廊で繋ぎ、入居者が食事等に利用しやすい共同生活室を計画した。7階には会議ができる多目的ホール、屋上は入居者の憩いの場となるように広場を設け、天神まつり開催時には屋上広場から花火が間近に見える配置計画とした。

地域密着型特別養護施設
グランビレッジ倉橋

所 在 地	奈良県桜井市
建 築 主	社会福祉法人 太陽の村
用 途	地域密着型特別養護施設・
	グループホーム・デイサービス
施 工	豊国
構造・規模	S造 地上2階
建 築 面 積	3,008.05㎡
延 床 面 積	4,581.26㎡
竣 工	2018年6月

　社敷地は豊かな山並や倉橋溜池に隣接しており、風致地区でもある為、周辺との調和に配慮した低層の建物とし、色調も周辺地域景観に馴染むものを選定し、落ち着いた色調とした。エントランスに隣接した位置に吹抜けのある開放的な交流スペースを設けており、外壁面を全面建具とすることで眺望にも配慮した。また前面に芝生広場を設け一体利用ができるようになっている。各ユニットは中木を配置したウッドデッキの中庭を隣接させている。

ゆめの樹保育園

所 在 地	大阪市城東区
建 築 主	社会福祉法人 三養福祉会
用 途	保育所
施 工	旭営繕建設
構造・規模	S造 地上5階
建 築 面 積	932.05㎡
延 床 面 積	2,538.05㎡
竣 工	2018年6月

　敷地は大阪市城東区内の住宅街の中に位置している。三養福祉会として初めての保育園事業である。こども達がのびのびと自主的に生活できる施設とするため、全てのクラス名を植物の名称とし、1階屋外園庭にクラス名の実の成る植物を植え、屋上は熱中対策のため日除けテントとミストを設けた園庭、各階バルコニーには年齢に合った遊具を設置した。また、0・1歳児保育室入口には受付を設け保護者がこども達の着替え等整理ができるパススルーの棚、2・3歳児には着替えコーナーを設け子供達の生活に配慮した。

奈良県フットボール
センター増設

所 在 地	奈良県磯城郡田原本町
建 築 主	奈良県サッカー協会
用 途	サッカー専用グラウンド・
	クラブハウス
施 工	中和コンストラクション
構造・規模	S造 平屋建て
建 築 面 積	97.19㎡
延 床 面 積	90.35㎡
竣 工	2018年6月

　旧志貴高校の跡地にH21年に新設された奈良県フットボールセンターだが、現在は人気で1グラウンドでは不足しており、今回グラウンドを増設したいとのことで今回工事を行った。グラウンドはJFA（日本サッカー協会）公認のグラウンドとする為、人工芝はグレードの高いものを選定し、人工芝施工前の舗装の精度に十分注意して監理を行った。

介護老人保健施設
夢眠やまざくら

所 在 地	奈良県大和郡山市
建 築 主	医療法人 明樹会
用 途	介護老人保健施設
施 工	藤本建設
構造・規模	RC造　地上4階
建 築 面 積	1,331.23㎡
延 床 面 積	3,707.77㎡
竣 工	2018年3月

　本施設は、矢田山の山麓と大和民謡公園に隣接する閑静な環境に計画された。外観全体は、山桜をモチーフにして淡い桃色を基調色とし、玄関庇やバルコニー手摺、アルミサッシ等には黒色を配色することで、落ち着いたデザインになるように心がけた。各階の壁色や室ごとに床の仕上げを変化させるなど、室内用途に合わせ単調にならないよう考慮するとともに、入居者の方が安心して生活できるよう小さな段差も設けない計画とした。介護スタッフにとっては、入居者の方と対話しやすく、見守りやすい平面計画を目指した。

老人福祉施設
養護三室園管理棟

所 在 地	奈良県生駒郡三郷町
建 築 主	老人福祉施設 三室組合
用 途	養護老人ホーム、 特別養護老人ホーム
施 工	ハンシン建設・楠本工務店JV
構造・規模	RC造一部S造　地上3階
建 築 面 積	576.49㎡
延 床 面 積	2,667.85㎡（増築部分1,167.40㎡）
竣 工	2018年2月

　本施設は、信貴山の山腹にあり、のどか村が隣接する自然豊かな場所に計画された。既存施設との動線や隣陳間、職員駐車場の整備を考慮した配置計画とした。信貴山の雄大な山々を見渡せる眺望の良い2階の食堂は張り出し配置することで、アプローチからの外観に特徴を持たせた。外装材は、タイル貼りとリブ付きALCを組み合わせることで、素材のコントラストを楽しめるデザインとした。外観全体は、ブラウン系で濃淡をつけ、建物周辺の森林に馴染むように工夫し、居住空間はくつろぎを重視する配色とした。

救護施設　須加宮寮

所 在 地	奈良県奈良市
建 築 主	社会福祉法人 大倭安宿苑
用 途	救護施設
施 工	大倭殖産
構造・規模	S造　地上2階・地下1階
建 築 面 積	1,427.14㎡
延 床 面 積	3,583.06㎡
竣 工	2017年8月

　当法人は、美しい四季の花や木々に囲まれた地域で60年以上続く歴史を持つ総合福祉施設である。救護施設の基本理念は、生活保護法の枠内で障害種別を問わず、利用者を地域の住民として尊重し、利用者の意向に沿った自立支援を行い、その人らしい豊かな生活が実現できるよう努めるとしている。 本施設は、老朽化による建て替えであり、新耐震基準での耐震性確保、周辺環境と調和する外観、快適な居住環境を基本とするとともに、高齢化する入所者の方のためのバリアフリー化に加え、介護スタッフが働きやすい平面計画を目指した。

南都銀行　平野支店

所 在 地	大阪市平野区
建 築 主	㈱南都銀行
用 途	銀行
施 工	鍛冶田工務店
構造・規模	S造　地上2階
建 築 面 積	198.68㎡
延 床 面 積	323.35㎡
竣 工	2017年7月

　南都銀行の大阪府内の重要な支店として、法人の資金調達や事業展開サポート、個人の資金運用などに対応する店舗である。南都銀行のＣＩに基づき、縦ラインを強調した上昇感のあるファサードと、出入口両袖にアルミ縦格子を配し、伝統とシャープさを表現している。2階から住民の方が夏祭りを見ることができるようにとの要望に応え平面プランを工夫し、地域に密着し人を引き寄せる店舗創りを目指した。

富田林きらめき創造館

所 在 地	大阪府富田林市
建 築 主	富田林市
用 途	生涯学習施設
施 工	溝川組
構造・規模	RC造　地上3階・地下1階
建 築 面 積	520.44㎡
延 床 面 積	1,764.55㎡
竣 工	2017年5月

　生涯学習施設の新設で、周辺に幼稚園、保育園、小学校、高校が近接するエリアに建つ。エントランスから大階段で地下に吹抜ける多目的スペースがあり、通学路からは多目的スペースが見下ろせ、施設内から通学する子供が見える。施設を通学路の一部と考え、通学路から繋がる屋内の広場のような空間として、青少年を中心に全ての世代が集まる場所としている。自習室や会議室等のいくつかの部屋では大きい開口部を異なる方向に向け、そこから見える町並み、ケヤキや桜の木等の異なる風景を取込み、各部屋で異なる印象をつくっている。

住宅型有料老人ホーム
プレミアムビオスの丘

所 在 地	大阪府東大阪市
建 築 主	社会福祉法人 仁風会
用 途	住宅型有料老人ホーム、デイサービス
施 工	㈱シマ
構造・規模	S造　地上4階
建 築 面 積	1,024.99㎡
延 床 面 積	2,777.09㎡
竣 工	2017年4月

　敷地は東大阪市内の山側住宅街にあり、隣接地にはクライアントである社会福祉法人が、先に特別養護老人ホームを運営されていた。その施設との連携を図るため、高低差がある隣接地からの動線を踏まえ本施設の地盤レベルを設定した。前面道路からの高低差もあり、敷地形状も細長く隣地境界までにゆとりがなかったため、採光を確保するため部分的にトップライトや中庭を設けた計画としている。また、施設が周辺の住宅街と調和するように外観はアースカラーを基調として纏めている。

特別養護老人ホーム 一樹

所 在 地	奈良県生駒郡斑鳩町
建 築 主	社会福祉法人 白鳳会
用　　途	特別養護老人ホーム、老人短期入所施設及び老人デイサービスセンター
施　　工	崎山組
構造・規模	RC造　地上4階
建 築 面 積	1,115.90㎡
延 床 面 積	3,338.05㎡
竣　　工	2017年3月

　本施設は斑鳩の地にゆかりの深い聖徳太子が、医療福祉の先駆けとなる施設を設立され、高齢者や病に苦しむ人々の 救済にあたられたと言われている場所であり、周辺が田んぼに囲まれたのどかな地域に建設された。中央にコアを設け、 左右にユニット分けをしたプランとし、二方向避難の重複距離がオーバーしないように検討した。外観は、法人が運営 する他の施設とイメージの統一を図るとともに、ステンドグラスに見立てた正面の大きな窓が印象深い趣となるように デザインした。

米田薬品　五條工場

所 在 地	奈良県五條市
建 築 主	米田薬品工業㈱
用　　途	工場
施　　工	森下組
構造・規模	S造　地上2階
建 築 面 積	2,131.79㎡
延 床 面 積	3,637.15㎡
竣　　工	2017年3月

　薬の製造工場であり、各製造室はクリーンルームとし清浄度を管理できる室となっている。クリーンルームへはエアシャワー等を通過しないと入れない、又は第一更衣室・第二更衣室・手洗い室と段階を踏んで入るなど徹底している。ほこり溜りができないよう、窓枠や巾木も45°テーパーを設けた。現場監理の際にも各納まり部分も隙間ができないような納まり、及びシーリングによる隙間埋めなどを要求された。クリーンルームの管理のため、1階の階高を高く取り、天井裏の点検スペースを確保した。

奈良芸術短期大学・橿原学院高等学校E棟及び体育館耐震改修

所 在 地	奈良県橿原市
建 築 主	学校法人 聖心学園
用 途	大学、高等学校、体育館
施 工	奥村組
構造・規模	RC造　地上4階・地下1階（校舎） RC造　地上2階・地下1階（体育館）
建 築 面 積	1,645㎡（校舎）、1,314㎡（体育館）
延 床 面 積	4,031㎡（校舎）、2,069㎡（体育館）
竣 工	2017年1月

　昭和39年〜41年に建てられたモダニズム学校建築における耐震改修工事である。校舎の掃き出しサッシの木製靴摺りの採用、耐震ブレースのための建具形状の変更、体育館の天井軽量化に伴う鉄骨の改修等、モダニズム建築としての既存デザインを大切にした耐震改修を行った。特に杉板型枠打放しの保存においては、テストを重ねて当時の自然や風合いに、再生できるように心がけた。

道の駅かつらぎ

プロポーザル特定作品

所 在 地	奈良県葛城市
建 築 主	葛城市
用 途	道の駅
施 工	森下組
構造・規模	S造　地上2階
建 築 面 積	3,322.58㎡
延 床 面 積	3,147.45㎡
竣 工	2016年11月

　葛城市の道の駅で、主に道路情報棟（道路情報案内、トイレ）と地域振興棟（特産直売所、休憩スペース等）からなる。全体的に傾斜した土地形状に合わせて建築し、1・2階のどちらも地盤面と接続する。建築ヴォリュームが大きくなる部分では、屋根を分割し背後にある山並みに対応させている。外観の色彩はダークグレーで統一し、内部は明るい色調としている。

奈良中央信用金庫 ますが支店

所　在　地　奈良県橿原市
建　築　主　奈良中央信用金庫
用　　　途　信用金庫
施　　　工　大和ハウス
構造・規模　Ｓ造　地上２階
建 築 面 積　287.86㎡
延 床 面 積　463.71㎡
竣　　　工　2016年6月

　　敷地は橿原市内にある県道と市道が交差する角地であり、視認性が良く利便性も高い場所である。県道側は交通量が多いため、店舗を県道側に配置し、駐車スペースは身障者用スペースを除き市道側のみとした。車での来客が多いため、駐車場から店舗入口までは雨よけの庇をまわしている。外観デザインは、直近で建設された同信用金庫の他店舗と統一性を持たせ、存在価値を高めている。

能瀬精工　新本社

所　在　地　大阪府柏原市
建　築　主　能瀬精工㈱
用　　　途　事務所
施　　　工　淺沼組
構造・規模　Ｓ造　地上４階・地下１階
建 築 面 積　626.72m²
延 床 面 積　3,064.60m²
竣　　　工　2016年3月

　　特殊なベアリングを開発、製造、販売する会社の研究開発、本社事務所である。ベアリングを横に重ねた形をモチーフに、シルバー色の鋼製断熱サンドイッチパネルとアルミ製庇を取付けたサッシを組み合わせることで横ラインを強調させ、企業イメージを外観で表現した。又、安全な二方向避難経路として、対角線上に配置した階段室にスリット窓を設けることにより、社員を大切にする企業イメージも表現したいと考えた。

新沢千塚古墳郡公園
シルクの杜（基本設計）

プロポーザル特定作品

所 在 地	奈良県橿原市
建 築 主	橿原市
用 途	スポーツ練習場等
施 工	鍛冶田工務店、平成建設
構造・規模	RC造　地上2階
建 築 面 積	2,634.7㎡
延 床 面 積	4.442.4㎡
竣 工	2016年3月

　史跡新沢千塚古墳群を包括した公園施設にふさわしく、自然環境、歴史への配慮と新沢千塚古墳群の魅力を最大限に生かせる計画とした。健康づくり・学習・交流拠点として市民が集いやすい施設にするため、内部と外部が連続して感じられるようにした。内部から千塚古墳群を感じることができるように全面カーテンウォールとし、千塚古墳に馴染むように木製とした。又、外壁、軒裏も県内産の木製とした。

なら食と農の魅力
創造国際大学校　安部校舎

ＤＢプロポーザル特定作品

所 在 地	奈良県桜井市
建 築 主	奈良県
用 途	大学・宿泊施設等
施 工	淺沼組・中和コンストラクション・中尾組JV
構造・規模	S造　平屋建て
建 築 面 積	2,771.88㎡
延 床 面 積	2,556.17㎡
竣 工	2015年9月

　本施設は、農業に関する基礎的な知識・技術に加え、6次産業化に関する幅広い知識・技術、高度で実践的な調理知識・技術を持った「食の担い手」を育成する研修拠点である。実践オーベルジュ棟では、プロのシェフの指導の下、実践型調理・サービス研修が実施される。大和平野への願望を確保し、周辺の環境にも配慮しながら県産木材を活用した施設は、中央広場を中心に東側に学生棟・加工実習棟・西側に実践オーベルジュ棟本館棟・宿泊棟を配置している。敷地内には、大和野菜や県農産物の栽培実習を行う農場も整備されている。

キトラ古墳周辺地区情報案内施設棟

プロポーザル特定作品

所　在　地	奈良県高市郡明日香村
建　築　主	近畿地方整備局 国営飛鳥歴史公園事務所
用　　　途	情報案内施設・体験学習施設
施　　　工	尾田組
構造・規模	W造　平屋建て
建築面積	650㎡
延床面積	611㎡
竣　　　工	2015年9月

　　古墳と周辺の自然環境が一体となった歴史的風土を感じられる景観を目指した。情報案内施設は、周辺環境との調和を図りながらキトラ公園の北側玄関に建つシンボリックな外観とし、体験工房は、周囲の田園風景と調和する外観とし、体験学習の場及び休憩できる場所とした。農体験活動施設は、農体験などのプログラムを行う管理施設で農景観、周囲の山並みに調和する施設とした。

奈良県立大学地域交流棟

プロポーザル特定作品

所　在　地	奈良県奈良市
建　築　主	奈良県
用　　　途	大学（集会所）
施　　　工	中村建設・大倭殖産JV
構造・規模	S造　地上3階
建築面積	760.77㎡
延床面積	2,069.09㎡
竣　　　工	2015年7月

　　奈良県立大学のモットーである「地域から学ぶ」を表現した施設として、レストランや屋上から大学周辺の自然、歴史、文化を見渡せるようにするとともに、地域の景観形状に貢献してきた歴史的建造物に見られる「軒の出が深く、印象的なデザイン」として、不特定多数の方々に「奈良らしさ」を感じていただけるようにしている。又、分かりやすい動線計画により、地域交流を促し、地域のコミュニティーづくりに貢献できることを意図している。自然環境への配慮として、南側緑地の確保、屋上緑化、県産木材の内装利用などの自然を生かした計画としている。

介護老人保健
鷺栖の里

所 在 地 奈良県橿原
建 築 主 社会医療法
用 途 介護老人保
施 工 大日本土木
構造・規模 RC造 地上
建 築 面 積 1,452.01㎡
延 床 面 積 4,219.92㎡
竣 工 2015年6月

部

建築ジャーナル
桝谷設計 著

桝谷設計60周年 SINCE1960-2020

電 話（03）3861-8104
FAX（03）3861-8205

ISBN978-4-86035-756-6
C0052 ¥2000E

9784860357566

定価
（本体2,000円＋税）

計画地は、
とで、地域住
一体感のある

ン専門病院の隣地に建設する介護老人保健施設である。この施設が完成するこ
活支援が行えるようになる。建物については、隣接する病院の外観を連続させ、
空間とし、木質系の材料や色彩豊かなサイン計画とした。

児童発達支援施設
くれよん

所 在 地 奈良県奈良市
建 築 主 社会福祉法人 ならやま会
用 途 児童発達支援施設
施 工 大倭殖産
構造・規模 S造 地上2階・地下1階
建 築 面 積 567.45㎡
延 床 面 積 1,522.46㎡
竣 工 2015年4月

児童発達支援センターとは障がいあるいは育ちが気になる未就学の子供（0歳～5歳）に対し、専門性を活かした小集団での療育支援・相談支援等を行う施設である。子どもたち一人ひとりの発達や特性に応じた集団での遊びやさまざまな活動を通して、子どもたちが本来もっている潜在的な力を引き出し、日常生活における基本的な動作や生活習慣の習得・集団生活への適応を促していくために遊戯室を中心とした指導訓練室（保育室）、スヌーズレン室を配置している。

──── 売上カード ────

桝谷設計 著

桝谷設計 60周年
SINCE1960-2020

建築ジャーナル

図書館
市
3階・地下1階

当施設のリニューアルにより、親子連れの来館者が気兼ねなく利用でき、くつろいだ雰囲気の中で快適に過ごせる図書館とすることを目指した。閲覧室は親子ゾーンと一般ゾーンとを区分する天井までの書架を新たに設けて、どの世代でも利用しやすい配置計画としている。また、公園に面する図書館の立地を活かして各ゾーンには屋外テラスを設置し、晴れた日に屋外でも読書ができるように計画した。

三郷町立学校給食センター

プロポーザル特定作品

所 在 地	奈良県生駒郡三郷町
建 築 主	三郷町
用 途	学校給食センター
施 工	西松建設・楠本JV
構造・規模	S造 地上3階
建 築 面 積	1,840.15㎡
延 床 面 積	2,210.80㎡
竣 工	2015年3月

本施設は既存の学校給食センターの老朽化に伴い建替えが必要となった施設である。国が定める学校給食の衛生管理基準に「調理から給食まで2時間以内」とあるが、敷地は新しく開通された町道勢野北美松ヶ丘線の沿線にあり、今まで以上に効率のよい配送が見込まれる。学校給食を提供するだけでなく複合的な機能を有する効率的な施設設備を設計方針とし、食育を推進するための構造や、防災拠点としての機能整備などが配慮されている。

大和郡山市立老人福祉センター

所 在 地　大和郡山市
建 築 主　大和郡山市
用 　 途　老人福祉施設
施 　 工　淺沼組
構造・規模　RC造・地上2階

奈良県立桜井高等学校

所 在 地　桜井市
建 築 主　奈良県
用 　 途　高等学校
施 　 工　中尾組
構造・規模　RC造・地上3階

奈良県薬業会館

所 在 地　橿原市
建 築 主　奈良県薬業会
用 　 途　公共施設
施 　 工　松塚建設
構造・規模　RC造・地上4階

大和ビル

所 在 地　奈良市
建 築 主　大東興産
用 　 途　事務所
施 　 工　淺沼組
構造・規模　RC造・地上5階地下1階

森田ビル

所 在 地　奈良市
建 築 主　個人
用 　 途　事務所
施 　 工　淺沼組
構造・規模　RC造・地上6階地下1階

奥城崎シーサイドホテル

所 在 地　兵庫県竹野町
建 築 主　ハトヤ観光
用 　 途　宿泊施設
施 　 工　熊田工務店
構造・規模　RC造・地上4階

大神神社・社務所

所 在 地　桜井市
建 築 主　大神神社
用 　 途　神社
施 　 工　中尾組
構造・規模　RC造一部S造・地上2階

奈良県商工会議所

所 在 地　奈良市
建 築 主　奈良商工会議所
用 　 途　事務所
施 　 工　奥村組
構造・規模　S造・地上5階

大神神社・大礼記念館

所 在 地　桜井市
建 築 主　大神神社
用 　 途　会館
施 　 工　中尾組
構造・規模　RC造一部S造・地上2階

奈良県中小企業会館

所 在 地　奈良市
建 築 主　奈良県
用 　 途　公共施設（事務所）
施 　 工　鴻池組
構造・規模　RC造・地上4階

和束町庁舎

所 在 地　京都府和束町
建 築 主　和束町
用 　 途　公共施設
施 　 工　巻野組
構造・規模　RC造・地上3階

竹林院 群芳園 西館

所 在 地　奈良県吉野町
建 築 主　竹林院群芳園
用 　 途　宿泊施設
施 　 工　清水建設
構造・規模　RC造・地上5階

奈良市消防庁舎

所 在 地　奈良市
建 築 主　奈良市
用 　 途　公共施設
施 　 工　山上組
構造・規模　RC造（ボイドスラブ）・地上5階

山崎屋本店

所 在 地　奈良市
建 築 主　山崎屋
用 　 途　奈良漬専門店
施 　 工　辻岡工務店・近鉄百貨店
構造・規模　S造・地上4階

慈光院方丈

所 在 地　大和郡山市
建 築 主　慈光院
用 　 途　寺院
施 　 工　大新建設
構造・規模　木造・地上1階

奈良育英西中学・高等学校

所 在 地　奈良市
建 築 主　育英学園
用 　 途　中・高等学校
施 　 工　淺沼組
構造・規模　RC造（ボイドスラブ）・地上3階

宗教法人 大倭大本宮大倭病院

所 在 地　奈良市
建 築 主　宗教法人 大倭大本宮
用 　 途　病院
施 　 工　熊谷組
構造・規模　RC造・地上3階

安堵町トーク安堵カルチャーセンター

所 在 地　奈良県安堵町
建 築 主　安堵町
用 　 途　公共施設
施 　 工　中和開発
構造・規模　RC造・地上3階
共 同 設 計　西村建築設計事務所

湯盛温泉 ホテル杉の湯

所 在 地　奈良県川上村
建 築 主　川上村
用 　 途　宿泊施設
施 　 工　淺川組・中尾組・堀内工務店
構造・規模　SRC造（ボイドスラブ）・地上6階

四季亭

所 在 地　奈良市
建 築 主　四季亭
用 　 途　宿泊施設
施 　 工　熊谷組
構造・規模　RC造・地上2階地下1階

香芝市ふたかみ文化センター

所 在 地	香芝市
建 築 主	香芝市
用　　途	公共施設
施　　工	奥村組
構造・規模	S造・地上3階地下1階

橿原神宮会館

所 在 地	橿原市
建 築 主	橿原神宮
用　　途	会館
施　　工	奥村組
構造・規模	RC造・地上2階

生駒市健康センターセラビーいこま

所 在 地	生駒市
建 築 主	生駒市
用　　途	健康センター
施　　工	大日本土木
構造・規模	SRC造・地上6階

無動寺本堂

所 在 地	名張市
建 築 主	宗教法人 無動寺
用　　途	寺院
施　　工	松塚建設
構造・規模	木造・地上1階

サンタウンひまわり館

第16回SDA賞

所 在 地	奈良市
建 築 主	関西学術研究都市センター
用　　途	複合商業施設
施　　工	奥村組・大日本土木・三和建設・中村建設
構造・規模	SRC造・地上6階

橿原警察署

所 在 地	橿原市
建 築 主	奈良県
用　　途	公共施設（警察署）
施　　工	平成建設・辻岡工務店
構造・規模	RC造（ボイドスラブ）・地上4階

安堵町庁舎

所 在 地	奈良県安堵町
建 築 主	安堵町
用　　途	公共施設（庁舎）
施　　工	淺沼組・淺川組
構造・規模	RC造・地上5階
共 同 設 計	西村建築設計事務所

ふれあいの郷 かみきた

所 在 地	奈良県上北山村
建 築 主	上北山村
用　　途	研修センター
施　　工	淺川組・中尾組
構造・規模	RC造・地上4階地下1階

むさし野旅館

所 在 地	奈良市
建 築 主	むさし野
用　　途	宿泊施設
施　　工	熊谷組
構造・規模	木造・地上2階

川上村林業資料館

所 在 地	奈良県川上村
建 築 主	川上村
用　　途	公共施設
施　　工	中尾組
構造・規模	木造・地上2階

社会福祉法人 大倭安宿苑 特別養護老人ホーム
長曾根寮

所 在 地	奈良市
建 築 主	社会福祉法人 大倭安宿苑
用　　途	老人福祉施設
施　　工	大倭殖産
構造・規模	RC造・地上5階地下1階

奈良県身体障害者療護施設

所 在 地	奈良県大淀町
建 築 主	奈良県
用　　途	療護施設
施　　工	仲川組・堀内工務店・菊田組
構造・規模	RC造一部S造・地上1階

ゴルフパークナパラ

所 在 地	天理市
建 築 主	大東興産
用　　途	ゴルフクラブハウス
施　　工	東急建設
構造・規模	S造・地上2階

斑鳩町斎場

所 在 地	奈良県斑鳩町
建 築 主	斑鳩町
用　　途	斎場
施　　工	清水組建設
構造・規模	RC造一部S造・地上1階

三郷町立図書館

所 在 地	奈良県三郷町
建 築 主	三郷町
用　　途	図書館
施　　工	森本組・村本建設
構造・規模	RC造一部S造、SRC造・地上2階地下1階
共 同 設 計	安井建築設計事務所

奈良市西部生涯スポーツセンター

所 在 地	奈良市
建 築 主	奈良市
用　　途	温水プール・体育館
施　　工	山上組・淺川組・大倭殖産・中村建設・木村建設
構造・規模	RC造一部S造・地上2階

奈良県病院協会看護専門学校

所 在 地	橿原市
建 築 主	奈良県病院協会
用　　途	専修学校
施　　工	奥村組
構造・規模	RC造一部S造・地上4階

新庄町歴史民俗資料館

所 在 地	奈良県新庄町
建 築 主	新庄町
用　　途	資料館
施　　工	村本建設・鍛治田工務店
構造・規模	RC造・地上2階
展示設計施工	乃村工藝社

山崎屋 宝来店

所 在 地	奈良市
建 築 主	山崎屋
用　　途	店舗（奈良漬）
施　　工	辻岡工務店
構造・規模	RC造・地上4階

平群町活性化センター

所 在 地	奈良県平群町
建 築 主	平群町
用　　途	活性化センター
施　　工	森本組
構造・規模	RC造・地上2階

福寿館

所　在　地　橿原市
建　築　主　福寿館
用　　　途　レストラン
施　　　工　槙峯建設
構造・規模　S造・地上2階

森田ビル

所　在　地　奈良市
建　築　主　森田ヨシ子
用　　　途　事務所
施　　　工　淺沼組・三和建設
構造・規模　RC造・地上6階地下1階

川上村総合センター
やまぶきホール

コンペ当選作品

所　在　地　奈良県川上村
建　築　主　川上村
用　　　途　文化福祉施設
施　　　工　清水建設・淺川組・
　　　　　　中尾組
構造・規模　RC造一部S造・地上3階

奈良県護国神社参集所

所　在　地　奈良市
建　築　主　奈良県護国神社
用　　　途　神社
施　　　工　淺川組
構造・規模　S造・地上1階

大悲院

所　在　地　奈良県西吉野村
建　築　主　大悲院
用　　　途　寺院
施　　　工　今西工務店
構造・規模　W造・地上1階

奈良先端大学院交流棟

所　在　地　生駒市
建　築　主　奈良先端大学院大学
用　　　途　共同住宅
施　　　工　淺川組
構造・規模　RC造・地上4階

奈良市北部会館

所　在　地　奈良市
建　築　主　奈良市
用　　　途　公共施設
　　　　　　（老人福祉・集会・図書館）
施　　　工　淺川組・山上組・
　　　　　　大倭殖産・中村建設・
　　　　　　三和建設・尾田組・
　　　　　　万葉建設
構造・規模　RC造・地上4階地下1階

御杖温泉

所　在　地　奈良県御杖村
建　築　主　御杖村
用　　　途　公衆浴場
施　　　工　村本建設
構造・規模　RC造・地上1階

新庄町体力づくりセンター
ウェルネス新庄

所　在　地　葛城市
建　築　主　新庄町
用　　　途　温水プール
施　　　工　鍜治田工務店
構造・規模　RC造一部SRC造・地上2階

奈良県立図書情報館

プロポーザル特定作品

所　在　地　奈良市
建　築　主　奈良県
用　　　途　図書館
施　　　工　奥村組・淺沼組・村本建設・
　　　　　　淺川組・中村建設・尾田組
構造・規模　SRC造・地上3階地下1階
共同設計　日本設計

恵和ビル

所 在 地　奈良市
建 築 主　㈱恵和
用　　途　事務所ビル
施　　工　鍛治田工務店
構造・規模　S造・地下1階地上5階

特別養護老人ホーム
まきの苑 ラコントレ

所 在 地　五條市
用　　途　老人福祉施設
建 築 主　社会福祉法人 正和会
施　　工　村本建設・藤井組
構造・規模　RC造・地上6階

奈良県動物愛護センター

プロポーザル特定作品
所 在 地　宇陀市
建 築 主　奈良県
用　　途　事務所
　　　　　（動物愛護センター）
施　　工　村本建設・松塚建設
構造・規模　RC造・地上1階

大淀町立大淀桜ヶ丘小学校

プロポーザル特定作品
所 在 地　奈良県大淀町
建 築 主　大淀町
用　　途　小学校
施　　工　奥村組・森組・仲川組
構造・規模　RC造・地上3階

ケアハウス 茂毛蕗園

所 在 地　奈良市
建 築 主　社会福祉法人 大倭安宿苑
用　　途　ケアハウス
施　　工　大倭殖産
構造・規模　RC造・地上4階

奈良朱雀高等学校実習棟
（実施設計）

所 在 地　奈良市
建 築 主　奈良県
用　　途　高等学校
施　　工　中村建設・山上組・
　　　　　大倭殖産
構造・規模　RC造・地上4階

奈良育英中学・
高等学校校舎（第1期）

所 在 地　奈良市
建 築 主　奈良育英学園
用　　途　中学校・高等学校
施　　工　淺沼組
構造・規模　RC造・地上4階

吉野町立吉野中学校
（実施設計・監理）

所 在 地　奈良県吉野町
建 築 主　吉野町
用　　途　中学校
施　　工　村本建設・藤裏工務店
構造・規模　RC造・地上2階

斑鳩町文化財センター

所 在 地　奈良県斑鳩町
建 築 主　斑鳩町
用　　途　地方公共団体の支所
施　　工　村本建設
構造・規模　RC造・地上1階

橿原観光交流センター

所 在 地　橿原市
建 築 主　橿原市
用　　途　観光交流センター
施　　工　青木あすなろ建設・
　　　　　ヒロタ建設
構造・規模　RC造・地上5階

ヤマトー八木店

所 在 地	奈良県橿原市
建 築 主	ヤマトー
用 途	商業施設
施 工	森下組
構造・規模	S造・地上4階

㈱積水技研本社・物流センター

所 在 地	兵庫県伊丹市
建 築 主	㈱積水化成品工業
用 途	事務所・物流センター
施 工	フジタ
構造・規模	S造・地上5階

特別養護老人ホームしきの郷

所 在 地	奈良県田原本町
建 築 主	社会福祉法人 一寿会
用 途	特別養護老人ホーム
施 工	奥村組
構造・規模	RC造・地上4階

木津川市木津町商工会館

所 在 地	京都府木津川市
建 築 主	木津川市木津町商工会
用 途	事務所
施 工	樋口建設
構造・規模	S造・地上2階

十津川村立十津川中学校

プロポーザル特定作品

所 在 地	奈良県十津川村
建 築 主	十津川村
用 途	中学校
施 工	淺沼組（第1期工事）、奥村組（第2期工事）
構造・規模	木造（一部RC造）地下1階・地上2階

介護老人保健施設ぬくもり田原本

所 在 地	奈良県田原本町
建 築 主	医療法人 誠安会
用 途	介護老人保健施設
施 工	村本建設
構造・規模	RC造・地上3階

奈良県看護協会ホームナーシングセンター

所 在 地	奈良県橿原市
建 築 主	奈良県看護協会
用 途	事務所
施 工	山上組
構造・規模	RC造・地上2階

ホテル杉の湯大規模改修

所 在 地	奈良県川上村
建 築 主	川上村
用 途	宿泊施設
施 工	鍛治田工務店
構造・規模	SRC造・地上6階

京都市北河原市営住宅C・Dブロック棟

プロポーザル特定作品

所 在 地	京都市南区
建 築 主	京都市
用 途	集合住宅
施 工	南海辰村建設
構造・規模	RC造・地上5階

桜井小学校

プロポーザル特定作品

所 在 地	奈良県桜井市
建 築 主	桜井市
用 途	小学校
施 工	中和・中尾・渋谷JV
構造・規模	RC造・地上3階

介護老人保健施設
ロイヤルフェニックス増築

所 在 地　奈良市
建 築 主　医療法人 康仁会
用　　途　介護老人保健施設
施　　工　淺沼組
構造・規模　RC造・地上3階

平成まほろば病院

所 在 地　奈良県橿原市
建 築 主　社会医療法人 平成記念病院
用　　途　病院
施　　工　大林組
構造・規模　RC造・地上3階

歴史に憩う橿原市博物館

所 在 地　奈良県橿原市
建 築 主　橿原市
用　　途　博物館
施　　工　平成建設
構造・規模　RC造・地上2階

奈良公園管理事務所

プロポーザル特定作品

所 在 地　奈良市
建 築 主　奈良県
用　　途　事務所
施　　工　三和建設・森建設JV
構造・規模　木造（一部S造）　平屋

春日ホテル
平成26年改修工事

所 在 地　奈良市
建 築 主　春日ホテル
用　　途　宿泊施設
施　　工　清水建設
構造・規模　RC造・地上4階

奈良県中央こども
家庭相談センター

プロポーザル特定作品

所 在 地　奈良市
建 築 主　奈良県
用　　途　社会福祉施設
施　　工　（建築）三和建設・森建設JV
　　　　　（電気）藤原電気工業
　　　　　（機械）福井水道工業
構造・規模　RC造・地上4階

奈良育英中学高等学校
校舎改築II期B棟

所 在 地　奈良市
建 築 主　奈良育英学園
用　　途　中学高等学校
施　　工　淺沼組
構造・規模　RC造・地上4階

會津壱分保育園

所 在 地　奈良県生駒市
建 築 主　社会福祉法人 パルツァ事業会
用　　途　保育園
施　　工　村本建設
構造・規模　S造・地上2階

橿原公苑
ジョガーステーション

プロポーザル特定作品

所 在 地　奈良県橿原市
建 築 主　奈良県
用　　途　スポーツジム、集会所
施　　工　藤本建設・クラハラJV
構造・規模　RC造・地上2階

特別養護老人ホーム 萩の
台ちどり

所 在 地　奈良県生駒市
建 築 主　社会福祉法人 門真晋栄福祉会
用　　途　特別養護老人ホーム、
　　　　　老人デイサービスセンター
　　　　　及び診療所
施　　工　東急建設
構造・規模　RC造・地上3階

33

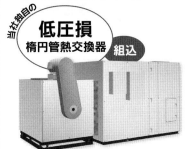

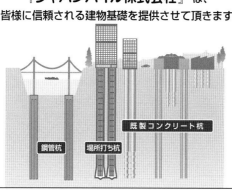

39

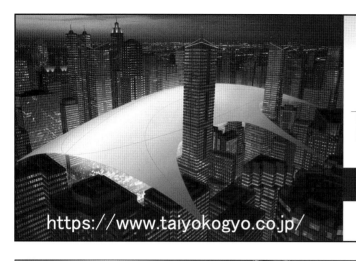

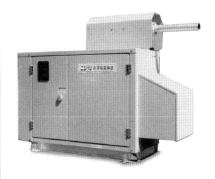

§ 広 告 目 次 §

アイリスチトセ㈱……36	大和ハウス工業㈱……35
㈱淺沼組……33	㈱竹中工務店……33
㈱エフワンエヌ……36	トリスミ集成材㈱……40
㈱OSW……36	㈱中西製作所……40
奥アンツーカ㈱……36	奈良不二サッシ㈱……41
㈱奥村組……33	西川燃料㈱……41
㈱カギオカ……37	ニシハツ㈱……41
木村工機㈱……37	日本電子工業㈱……41
㈱きんでん……37	パナソニック㈱ライフソリューションズ社……42
クウケン㈱……37	ヒビノアークス㈱……42
KOSネットワーク㈱……38	㈲ビルチェック……42
沢設備工事㈱……38	福井水道工業㈱……42
㈱シマ……38	不二熱学工業㈱……43
清水建設㈱……34	藤本建設㈱……34
ジャパンパイル㈱……38	松塚建設㈱……35
新栄電設工業㈱……39	松田電気工業㈱……43
新世紀建工㈱……39	村本建設㈱……34
ダイキンHVACソリューション近畿㈱……39	森村金属㈱……43
ダイダン㈱……39	㈱森本組……35
大日本土木㈱……35	㈱LIXIL……43
太陽工業㈱……40	ローレル㈱……44
大和ガス㈱……40	㈲YFエンジニアリング……44